나를 섬기려면 나를 따르라

대각성전도집회 다락방 시리즈

8

옥한흠

국제제자훈련원

옥한흠 대각성전도집회 다락방 시리즈

1. 그물을 당겨라
2. 선교 비전 땅끝까지
3. 성령의 능력에 의존하라
4. 당신은 사도의 계승자이다
5. 전해야 산다
6. 한 영혼을 주님께로
7. 왜, 누가, 무엇을, 어떻게
8. 나를 섬기려면 나를 따르라

옥한흠 대각성전도집회 다락방 시리즈 8

나를 섬기려면 나를 따르라

초판　1쇄 발행　1999년 10월 16일
초판 16쇄 발행　2023년 7월 27일

지은이 옥한흠

펴낸이 오정현
펴낸곳 국제제자훈련원
등록번호 제2013-000170호 (2013년 9월 25일)
주소 서울시 서초구 효령로68길 98 (서초동)
전화 02) 3489-4300　**팩스** 02) 3489-4329
이메일 dmipress@sarang.org

ISBN 978-89-88850-15-2 03230

*책값은 뒤표지에 있습니다. 잘못된 책은 구입하신 곳에서 교환해드립니다.

국제제자훈련원은 건강한 교회를 꿈꾸는 목회의 동반자로서 제자 삼는 사역을 중심으로
성경적 목회 모델을 제시함으로 세계 교회를 섬기는 전문 사역 기관입니다.

교재 사용에 대하여

제자훈련을 하고 있는 교회라면 대각성전도집회를 1년에 한 번씩 갖는 것이 좋다. 제자훈련을 통해 축적된 영적인 힘을 발휘할 수 있는 기회를 만들어주기 때문이다. 또한 교회가 영적으로 수혈을 받고 새롭게 일어나는 계기가 된다. 새로운 생명이 태어나는 산실인 대각성전도집회가 시작되면 교회는 영적인 잔치 분위기를 맛보게 될 것이다.

대각성전도집회는 준비 기간을 길게 두고 치밀한 준비를 해야 한다. 우리 마음에 안주하려는 습성을 깨고 새롭게 힘을 모으기 위해서는 적어도 5~6개월 전부터 치밀한 준비가 있어야 한다. 특별히 다락방(구역)을 중심으로 영적으로 무장하며, 합심하여 기도로 준비하는 것은 대단히 중요하다.

이를 위해 지금까지 전도집회를 앞두고 다락방에서 사용해온 교재를 내어놓게 되었다. 다소나마 도움이 되길 바라며, 이 교재를 사용하기 원하면 다음 몇 가지를 참고해 주기 바란다.

1. 이 교재는 소그룹에서 귀납법적인 방법으로 성경을 공부하도록 만들어졌다. 그러므로 지도자는 소그룹 환경에서 귀납법적으로 성경을 공부하는 것이 무엇인지를 반드시 배우지 않으면 안 된다.
2. 이 교재는 교역자가 매주 소그룹 지도자들을 먼저 예습시킨 다음 사용하게 해야 바람직한 효과를 기대할 수 있다. 평신도에게 던져주고 그들 마음대로 사용하게 하는 것은 좋지 않다.
3. 소그룹에 참석하는 자들은 반드시 미리 예습을 하도록 권장해야 한다.
4. 한 과의 내용을 다 공부하려면 두 시간 이상이 필요하다. 그러므로 문제에 따라 답만 찾아보고 넘어가야 할 것과 함께 토의하면서 진지하게 적용해야 할 것을 잘 구별해서 시간 안배를 하는 것이 좋다.

차례

1. 나를 섬기려면
나를 따르라

요한복음 12:20-33

사랑하는 믿음의 형제 자매들이여, 우리는 대각성전도집회를 준비하고 있습니다. 금년에도 수많은 새 생명이 태어나는 축제를 기대합니다. 하나님 아버지께서 기뻐하시고 천사들이 환호할 복된 잔치가 되기를 소원하고 있습니다. 세상을 구원하시려고 십자가에 죽으셨던 예수 그리스도께서 자기 죽음이 헛되지 아니함을 보시고 흡족해 하실 수 있는 풍성한 열매를 거둘 수 있기를 기도합니다. 지금 우리는 태신자를 선정하고 기도하면서 등록시키고 있습니다. 무더운 여름이 시작되었지만 생명의 추수꾼은 쉴 수가 없습니다. 먼저 생명의 양식을 먹읍시다. 말씀으로 단단히 무장합시다. 추수하는 일꾼이 배가 고파 쓰러지면 안되지 않습니까?

토의내용

1. 다음 구절을 가지고 당시 예수님이 처한 형편을 말해 봅시다.

• **요한복음** 11:53, 57/

- 요한복음 12:19/

2. 예수님께서 처한 형편으로 보아 26절의 말씀은 매우 의미심장하게 하신 것이 틀림없습니다. 내용을 여러 번 읽고 가능하다면 자기 말로 쉽게 풀어써 보십시오.

3. '섬기다' 하는 말은 '집사가 되다', '종이 되다'의 의미를 가지고 있습니다. 우리 모두는 만왕의 왕이시요 구원자이신 예수님의 종입니다. 누가복음 17장 7-10절을 가지고 이 사실을 확인합시다. 당신은 이와 같은 종의 마음가짐을 가지고 신앙 생활을 하고 있다고 할 수 있습니까?

4. 예수님께서 자기를 섬기라고 하신 이유는 자신이 세상에 계실 동안 종으로 섬겼기 때문입니다. 그는 무슨 일에 종으로 충성하셨습니까? (참고/ 요한복음 6:38, 39)

- **27절/**

5. 다음과 글을 읽으십시오. 그리고 당신의 현재 생활은 주님을 섬기고 있다고
할 수 있는지 이야기해 봅시다.

우리가 예수님을 섬기려면 그가 세상에서 하신 것처럼 하나님의 뜻을 행하는 일에 충성해야 한다. 다시 말하면 세상에 복음을 전하여 잃은 양들을 하나님 앞으로 인도하는 것이다.

세상에서 이것과 비교될만한 일은 없다. 먹고 자고 즐기는 것보다 더 중요하다. 나고 죽고 하는 것 보다 더 중요하다. 성공하고 이름을 날리는 것 보다 더 중요하다. 그의 나라와 그의 의를 구하는 것 보다 우리에게 더 앞서는 일은 없다. 이런 의미에서 이 세상에서는 복음전하는 일에 젊음을 던지는 선교사(전도자)보다 더 위대한 사람은 존재하지 않는다.

우리는 세상에서 이것저것 다 하면서 살 수 있다. 가정을 최우선에 두고 노력하면 평범하지만 행복한 가정생활을 누릴 수 있다. 학문에 생명을 걸면 세계적인 석학으로서 이름을 날릴 수 있다. 사업에 전력하면 기업가로서 기반을 닦을 수 있다. 이 모든 일들이 다 중요한 것은 사실이지만 그 일 자체로서는 하나님의 뜻을 이루기 위해 주님을 섬기는 것이라고 할 수 없다. 신앙생활을 하는 우리가 진정으로 주님을 종으로 섬기기를 원하면 주님이 가장 원하시는 일에 초점을 맞추어야 한다. 바로 복음을 전하는 것이다. 그의 나라와 그의 의를 먼저 구하는 일이다. 이 목적을 위해 가정이든, 직장이든, 학문이든 모두가 신실하고 거룩한 수단으로 사용되어야 한다.

6. 주님은 "섬기는 종으로 살기 원하면 나를 따르라"고 명령하십니다. 24-25절
을 가지고 주님을 따른다는 것이 무엇을 의미하는지 살펴 봅시다.

7. 다음의 글을 읽고 당신에게 문제로 남아있는 것이 무엇인지 말해 봅시다.

당신은 이 짧은 한 생을 살면서 영원한 나라의 왕이신 주님을 섬기기를
원하는가? 내가 살아 있으면 주님을 섬길 수 없다. 내가 죽어야 한다. 나의
욕심, 꿈, 고집, 무엇이든지 주님의 뜻에 반하는 것은 죽어야 한다. 더 높은
생의 기쁨을 위해 낮은 것을 포기하고 하나님께 복종하기 위해 나의 것을
포기해야 한다. 나중에는 나의 목숨마저 내어 놓아야 한다. 이것이 "나를
따르라"에 순종하는 삶이다. 주님이 썩는 밀알이 된 것처럼 나도 그렇게 되
는 것이다. 주님이 살기 위해 내가 죽는 것이고, 주님이 영광 받으시기 위
해 나의 영광은 버리는 것이고, 주님의 뜻이 이루어지기 위해 나의 뜻은 꺾
어 버리는 것이고, 주님의 나라가 이루어지기 위해 나의 한 생을 희생하는
것이다. 이와 같은 인생의 원칙은 내가 주부이든, 학생든, 직업인든 그 무
슨 일을 하든간에 그대로 적용이 되어야 한다. 그래야 주를 따르는 제자라
고 할 수 있다.

8. 한 알의 밀이 죽어 맺는 많은 열매가 무엇이라고 생각합니까? (참고/ 요한복
음 4:35, 15:8)

• 24절/

9. 지금까지 당신이 맺은 열매는 얼마나 된다고 생각합니까? 다시 말하면 당신
   의 전도, 헌금, 교회 봉사, 구제 등을 통해 얼마나 많은 심령들이 구원을 받고
   있다고 보십니까?

10. 복음을 위해 죽도록 충성하는 자에게 주님은 두 가지 보상을 약속하십니다.
    그것이 무엇입니까? (참고/ 요한복음 17:24, 다니엘 12:3)

• 26절/

11. 주님께서 약속하신 내용들이 실제로 어떤 것인지 상상하기 어려운 것이 사실
    입니다. 그리고 예수를 믿었으나 오른편 강도처럼 아무런 전도의 열매를 가
    지지 못하고 천국에 들어간 사람과 바울처럼 풍성한 열매를 들고 들어갈 사
    람이 얼마나 다른 대우를 받게 되는지 자세하게 알지는 못합니다. 그러나 그
    차이는 굉장할 것입니다. 이기는 자, 열매를 가진 자들을 위해 내리시는 존귀
    와 영광은 대단할 것이 틀림없습니다. 사람은 누구나 남에게 지지 않으려는

마음을 가지고 있습니다. 경쟁심은 건설적으로 활용하면 큰 유익을 가져다 줍니다. 천국에도 이 원리는 통합니다. 침노하는 자가 빼앗습니다. 상 얻기를 바라고 최선을 다해 달리는 자가 면류관을 얻습니다. 그러므로 우리 모두는 주님과 함께 하는 영광, 하나님의 높여주심을 받는 존귀를 사모해야 합니다. 그때 가서 후회하고 울지 말고 지금부터 시작합시다. 늦지 않습니다. 이번 대 각성 전도집회를 통해 주님의 뜻을 이 땅에 펴는 일에 죽도록 충성해 봅시다. 어떻습니까? 하나님의 말씀에 손을 얹고 서약할 수 있습니까? (참고/ 마태복음 11:12, 고린도전서 9:24,25)

12. 금년에 당신이 예수님 앞으로 인도하려고 기도하며 등록시키려고 하는 태신자의 명단을 쓰고 그들을 전도하기 위해 무엇을 계획하고 있는지를 이야기하십시오.

2. 왜 전도는 은혜인가?

로마서 15:14-18

대각성전도집회를 앞두고 있는 마당에 우리 모두는 각자가 복음을 전할 수 있다는 사실이 얼마나 큰 은혜요 특권인가를 알아둘 필요가 있습니다. 전도는 은혜입니다. 전도하는 자는 반드시 은혜를 받습니다. 복음의 뜨거운 열정을 가지고 신앙생활을 하면 그 심령은 사르밧 과부집의 통에 밀가루가 다하지 아니하고 병의 기름이 없어지지 아니하듯 날마다 풍성한 은혜를 누릴 수가 있습니다.

토의내용

1. 로마 교회에 있는 세 가지 좋은 점이 무엇입니까?

• 14절/

2. 그럼에도 바울이 로마 교회에 편지를 쓰지 않을 수 없었다고 말하는 이유 가운데 하나가 무엇이었습니까? (참고/ 로마서 1:11,12)

• 15절/

3. 우리가 잘 알다시피 은혜란 전혀 받을 자격이 없는 사람이 엄청난 선물을 받는 것을 말합니다. 은혜를 받았다고 하면, 첫째는 자기가 자격이 없다는 것을 전제하는 것이고, 둘째는 아무 자격이 없는데도 너무 과분한 것을 공짜로 얻었다는 것을 의미합니다. 이것이 은혜입니다. 그러면 바울이 하나님 앞에서 발견한 은혜가 무엇입니까? 그 내용을 두 가지로 요약해 보십시오.

• 로마서 3:24/

• 로마서 15:16/

4. 우리는 바울과 같은 사도가 아닙니다. 우리와 그는 이 점에서 분명히 다릅니다. 그러나 같은 점도 있습니다. 하나님께서 바울에게 복음을 맡겨 전하라고 하신 것처럼 우리 모두에게도 예수 그리스도의 복음을 맡겨서 전하라고 하셨다는 사실입니다. 그러므로 바울에게 복음 전할 사명이 있었던 것처럼 오늘 우리에게도 복음 전할 사명이 있습니다. 이것이 같은 점입니다. 이 사실을 증명할 수 있는 성경 말씀을 한 곳 찾아 보십시오.

5. 전도는 왜 은혜가 되는 것일까요? 첫째로, 전도는 예수 그리스도의 일꾼으로 부름 받았다는 것을 의미하기 때문에 은혜가 됩니다. 16절을 봅시다. "이 은혜는 곧 나로 이방인을 위하여 그리스도 예수의 일꾼이 되어." 여기에서 '일꾼'이라는 말은 주인이 마음에 들어 자기 일을 맡기는 사람을 이야기합니다. 예수 그리스도의 복음을 온 세상에 전하는 것은 결단코 하찮은 일이 아닙니다. 그것은 굉장히 중요한 일입니다. 복음을 들고 나가서 전하는 사람은 거룩한 사람이요, 복음을 전하는 일은 거룩한 일입니다. 바울한테는 이 거룩한 일에 부름 받은 감격이 있었습니다. 이 감격은 끊임없이 솟는 샘 같은 은혜가 되었던 것입니다. 당신에게 이 감격이 있는지 살펴봅시다.

6. 전도는 너무나 중요하고 시급한 일이기 때문에 성부, 성자, 성령 하나님께서 합동으로 이 일을 열심히 다루고 계십니다. 16절을 가지고 삼위 하나님이 언급되는 내용을 정리하여 보십시오. 이것이 무엇을 의미합니까? 성삼위 하나님께서 총력을 기울이고 계시는 일에 감히 부름 받을 수 있다는 것은 우리에게 있어서 최대의 영광이 아닐 수 없습니다. 다음의 글을 읽고 느낀 바를 이야기 합시다.

성삼위 하나님께서 그렇게 중요하게 다루는 일이라면 얼마나 가치 있는 일입니까? 중요한 일일수록 그 일을 맡은 자의 영광은 큰 것입니다. 우리가 이 복음을 전하는 일꾼으로 부름을 받았다면 그것은 영광이요 은혜가 아닐 수 없습니다. 나 같은 사람이 어떻게 그 귀한 일을 하게 되었는지 생각만 하면 가슴이 뭉클해집니다. 하나님이 나의 무엇을 보시고 이렇게 영광스러운 일을 맡겨 주셨는지 생각만 하면 눈물이 쏟아지는 것입니다. 사도 바울은 평생 이 감격을 가지고 살았습니다. 매를 맞을 때나 감옥에 갇혀 있을 때 이 감격 때문에 그는 눈물을 흘리며 하나님을 찬양했습니다. 배가 고파서 웅크리고 있을 때도 이 감격 때문에 눈물을 흘리며 하나님을 찬양했습니다. "하나님이여, 하나님이여, 하나님께서 그렇게 중요하게 다루시는 일을 나 같은 죄인에게 어떻게 맡기십니까? 굶어도 좋습니다. 매맞아도 좋습니다. 죽어도 좋습니다. 하겠습니다. 생명 바쳐 하겠나이다. 생명 바쳐 하겠나이다." 바울의 감격이 여기에 있었습니다(참고/ 디모데전서 1:12,14, 고린도전서 15:9-10).

7. 둘째로, 전도는 하나님께 제사를 드리는 일이므로 은혜라고 했습니다. 16절은 이 사실에 대해 어떻게 말씀하고 있습니까?

8. 왜 복음 전하는 것을 하나님께 제사 드리는 일로 보았습니까? 여기에는 참 중요한 의미가 담겨 있습니다. 원수지간이 되어 가까이 할 수 없는 하나님과 사람 사이를 화해시켜주는 역할을 하는 것이 제사장입니다. 이런 의미에서 복음을 전한다는 것은 하나님을 모르는 죄인을 하나님과 화목하도록 만드는 것입니다. 그래서 어떤 사람이 예수 믿었다고 합시다. 그러면 그것은 하나님께 제일 좋은 제물로 제사를 드리는 것과 같은 것입니다. 이런 의미에서 우리

모두는 제사장입니다. 얼마나 멋있는 일입니까? 베드로전서 2장 9절을 펴서 우리를 제사장 삼으신 목적을 다시 한번 확인하도록 합시다.

9. 끝으로, 왜 전도가 은혜입니까? 복음을 전하는 자가 성령의 능력을 제일 많이 자랑할 수 있기 때문입니다. 이 사실에 대해 17, 18절에서는 어떻게 말씀하십니까?

10. 복음을 전하는 자가 성령의 능력을 자연스럽게 자랑하게 되는 것은 전도 현장에서 그 능력을 체험할 수 있기 때문입니다. 다음 성경 구절을 보면 성령의 능력이 회심과 표적을 통해 나타나는 것을 알 수 있을 것입니다.

• 고린도전서 2:4-5/

• 마가복음 16:15-18/

11. 당신은 전도를 하면서 회심과 표적 중 어느 쪽에서 성령의 능력을 더 많이 확인하고 있습니까?

12. 복음을 전하십시오. 그러면 성령의 능력을 체험할 수 있습니다. 성령의 능력을 체험한 사람은 성령께서 하신 일을 자랑하지 않고는 견디지 못합니다. 성령의 능력을 자랑하는 사람은 하나님을 소리 높여 찬송하는 사람입니다. 대각성전도집회를 앞두고 복음의 일꾼으로 부름 받은 은혜, 복음의 제사장 삼아 주신 은혜, 성령의 역사를 남달리 체험하는 은혜를 받은 우리가 어떻게 하면 한 영혼이라도 더 구원할 수 있는지 서로 전략을 나누고 함께 기도하는 시간을 갖도록 합시다.

3. 복음을 편만하게 전하였노라

로마서 15:19-21

오늘 본문 말씀을 읽어 보면 바울이 놀라운 말 한 마디를 던지고 있습니다. 19절입니다. "이 일로 인하여 내가 예루살렘으로부터 두루 행하여 일루리곤까지 그리스도의 복음을 편만하게 전하였노라." 이 말씀 중에서 편만하게 전하였다는 말은 가득히 채웠다는 뜻입니다. 어떻게 예루살렘에서부터 일루리곤까지 바울 혼자서 복음을 가득하게 채웠다고 말할 수 있을까요? 사실 예루살렘에서부터 일루리곤까지는 거리상으로 따져 보면 약 1,400마일입니다. 이것을 Km로 따지면 약 2,000Km가 넘습니다. 어떻게 바울 혼자서 예루살렘에서부터 유고슬라비아까지 그 넓은 지역을 복음이 들어가지 않은 곳이 없도록 했다는 말입니까? 그러나 그것은 사실이었습니다. 우리 모두는 복음의 능력에 다시 한번 감탄하지 않을 수 없습니다. 그렇다면 대각성전도집회를 준비하면서 우리는 하다 못해 우리 동네만이라도 복음을 편만하게 전하겠다는 결의를 다져야 하지 않겠습니까?

토의내용

1. 성경에 보면 바울이 예루살렘에 가서 선교를 했다는 기록은 없습니다. 그럼에도 불구하고 바울은 자기가 예루살렘에서부터 복음을 가득하게 채웠다고 말

을 합니다. 사도행전 22장 17절에서부터 21절까지의 말씀을 가지고 그의 말의 진의를 생각해 봅시다.

2. 일루리곤은 지금의 알바니아와 유고슬라비아 지역입니다. 성경에 보면 바울이 그 지역에 가서 선교를 했다는 기록이 없습니다. 그럼에도 불구하고 그는 일루리곤까지 복음을 가득히 채웠다고 선언합니다. 그 이유가 어디에 있다고 생각합니까? 바울의 선교 전략은 군사용어로 말하면 고지를 점령하는 전략이라고 말할 수 있습니다. 중요한 도시에 복음을 전하면 자연스럽게 주변 지역으로 복음이 퍼져나갈 수 있다는 전략이었습니다. 데살로니가전서 1:8을 가지고 이 사실을 확인합시다.

3. 바울은 다음과 같이 또 놀라운 말 한 마디를 던집니다. "이제는 이 지방에 일할 곳이 없고." 얼마나 기가 막히는 말씀입니까? 우리도 이런 말을 할 수 있으면 얼마나 좋을까요? "이제는 우리 동네에 복음 전할 곳이 없다." 아직도 목사가 살고, 장로가 살고, 순장이 살고 있는 이웃에 예수를 모르는 자들이 많다는 것은 부끄럽게 여겨야 할 일입니다. 당신의 이웃은 어떻습니까?

4. 우리는 바울 한 사람의 역할이 얼마나 중요한가를 보고 있습니다. 하나님은 많은 사람을 통해 일하기도 하십니다. 그러나 하나님이 더 좋아하시는 방법은 자기 마음에 드는 한 사람을 통해 일하는 것이라고 할 수 있습니다. 그러므로 "나 하나쯤은 전도 안 해도 괜찮아." 이런 생각은 절대 금물입니다. 당신은 하

나님 나라를 위해 자신의 역할을 너무 과소평가하고 있지 않습니까? 그리고 이것을 일하지 않는 자신을 변명하는 구실로 삼고 있지 않습니까?

5. 바울은 도시를 공격하고, 교인들은 지방을 공격해서 승리를 거두었습니다. 그러나 전략이 맞아 떨어져서 그의 선교가 성공했다고 말하는 것으로 끝나면 안 됩니다. 아무리 전략이 적중했다 할지라도 한 가지가 없었다면 아무 쓸모가 없는 것이 되고 말았을 것입니다. 그 한 가지가 무엇인지 아십니까? 19절 앞에 나오는 말입니다. "이 일로 인하여" 이것은 18절을 요약해서 한마디로 다시 19절과 연결시키는 말입니다. 18절의 내용을 알기 쉽게 정리해 보십시오.

6. 18절에서 바울이 언급한 능력을 우리 모두가 받았다고 할 수 있습니까? 만일 받지 않았다면 그 이유가 어디에 있다고 생각합니까? (참고/ 히브리서 2:3, 4)

7. 우리가 성령의 능력에 대해 알아야 할 중요한 사실이 몇 가지 있습니다. 우선 먼저 표적과 기사만이 성령의 능력이 아니라는 점입니다. 오히려 진짜 성령의 능력은 복음을 전하는 자의 입에서 나오는 말에 있습니다. 예수라고 하는 이름, 그것이 능력입니다. 십자가라고 하는 말 그 안에 능력이 있습니다. 예수 부활하셨다고 하는 말, 그 안에 능력이 있습니다. 이 사실을 믿습니까? 믿는다면 이 말이 진리라는 것을 보여줄 수 있는 증거가 있습니까? (참고/ 사도행전 1:8, 2:37)

8. 또 하나 중요한 것이 있습니다. 성령의 능력은 우리의 약함이나 두려워하는 마음과는 관계 가 없다는 것입니다. 내가 약하기 때문에 성령의 능력도 약하다고 할 수 있습니까? 내가 마음이 불안하고 겁난다고 성령께서 떨고 있다고 할 수 있습니까? 아닙니다. 사도 바울과 같은 위대한 사도도 전도할 때마다 떨었다고 했습니다. 고린도전서 2:3을 보십시오(참고/ 고린도후서 2:9).

9. 당신은 자신이 없어 떨면서 전도를 하였는데 예상을 깨고 완고한 사람이 회개하고 구원 받는 일을 경험한 적이 있습니까?

10. 다음 이야기를 읽고 느낀 바를 말해 보십시오.

우리 교회에 전도를 많이 하는 분들이 여러분 계십니다. 저는 언제나 그 분들을 존경하고 자랑스럽게 여깁니다. 그 가운데서 김 집사님 이야기를 하나 하겠습니다. 그분은 조그마한 중소기업을 운영하고 있는 분입니다. 그가 전도폭발 훈련을 받고 나서 1989년에 처음으로 전도를 하기 위해서 한 사람을 만났습니다. 그가 만난 사람은 당시에 중앙정보부 부국장이라는 직함을 가진 소위 내로라 하는 사람이었습니다. 그 부국장의 부인은 예수를 믿고 있었습니다. 그러나 그는 43세의 나이로 모든 면에서 패기만만하고 자신이 넘치는 사람이었습니다. 뿐만 아니라 그는 대단히 논리적인데다가 달변이었습니다. 그는 자기에게 전도를 하려고 하는 사람을 주눅들게 하는데 특별한 은사(?)를 지닌 사람이었습니다. 김 집사님이 그 분을 처음 만나 복음을 전하려고 할 때 받은 인상은 "네가 뭔데 나에게 감히 전도를 하겠다고 하느냐? 나는 유명한 목사들, 웬만한 사람은 다 만났어. 그래도 나는 예수 안 믿었어. 소용없는 일이야" 하는 투의 인상을 풍겼다고 합니다. 김 집사님은 자신이 없었지만 그래도 성령의 능력을 의지하고 '한번 해 보자' 하고 마음을 강하게 먹었습니다.

그리고 그분을 붙들고 자기가 전하는 이야기를 끝까지만 들어 달라고 사정을 했습니다. 그의 부인은 옆에 앉았다가 다른 방으로 피해 버렸습니다. 잘못하면 김 집사님이 호되게 망신당하는 꼴을 보게 될지 모르니까 불안해서 피했는지도 모릅니다. 김 집사님이 처음 한 시간 반 동안 복음을 전할 때는 그 사람이 논쟁하는 투로, 할 수 없어서 들어 주는 투로, 억지로 듣는 것 같았다고 합니다. 그러나 한 시간 반이 넘어가기 시작하자 드디어 그 얼굴이 진지해지고 듣는 자세가 달라졌다고 합니다. 너무 진지하게 들으니까 그 낌새를 알아차린 부인이 남편 옆에 와서 같이 들었다고 합니다. 이렇게 세 시간을 전도했다고 합니다. 그런데 거의 끝날 때쯤에 이상한 현상이 나타났습니다. 그 사람의 눈에도, 그 부인의 눈에도, 전하는 김 집사의 눈에도 눈물이 흘러내렸습니다. 드디어 그가 예수 그리스도를 자신의 구주로 영접했던 것입니다.

김 집사가 전도폭발 훈련을 받고 처음으로 나가서 전한 대상이 바로 그 사람이었습니다. 그러니 그의 마음이 얼마나 불안했겠어요? 게다가 보통 만만치 않은 상대였으니 얼마나 긴장하며 떨었겠습니까? 그럼에도 불구하고 절대 받아들이지 않을 것 같던 그 사람이 눈물을 흘리며 회개하고 돌아왔습니다. 그 능력은 어디서 오는 것입니까? 김 집사가 떠는 것하고는 관계가 없습니다. 김 집사가 불안해한 것하고는 관계가 없습니다. 그가 가지고 있는 약한 것하고는 관계가 없습니다. 무조건 복음 들고 나가는 자에게는 성령이 함께하신다는 증거입니다. 그 일로부터 6개월 후에 김 집사가 우연히 LA에서 그 부국장을 만났다고 합니다. 그 때 보니까 그가 LA에 있는 어느 교회에서 자기가 어떻게 해서 예수 믿게 되었는가를 간증하고 있더래요. 얼마나 기가 막힌 일입니까?

11. 조지 뮬러가 참 좋은 말을 했습니다. "우리들의 연약함은 주 예수 그리스도의 능력이 나타날 기회가 됩니다. 연약함이 크면 클수록 주님은 자기의 힘을 나타내시려고 더 가까이 오십니다. 시험이 크면 클수록, 난관이 크면 클수록 주님의 도우심은 더 가까이 나타나십니다." 이 시간 자신의 연약함을 한번 이야기해 봅시다. 복음을 전하려고 할 때마다 입을 다물게 하고, 주저 앉게 만드는 당신의 약함이 무엇입니까? 자세하게 이야기해 봅시다.

12. 자신의 약함을 가지고 주님의 도우심을 기도합시다. 그리고 주님을 의지하고 담대하게 전도해 봅시다. 지금까지 두려워서 미루고 있던 전도대상자가 있습니까? 그의 이름을 적으십시오. 그리고 금주에는 반드시 찾아가 복음을 전할 수 있도록 계획을 세우십시오.

13. 서울 시내에 약 6천 개의 교회가 있습니다. 이 교회들이 모두 다 매년 5백 명만 예수 믿도록 할 수 있다면 일년 안에 서울 시내에 살고 있는 3백만 명이 예수 믿고 돌아올 수 있습니다. 일년에 3백만 명이 예수 믿고 돌아온다면 서울 시내를 예수의 복음으로 가득 채우는 데는 3년이면 족합니다. 그리고 우리 남한을 복음으로 가득 채우는 데는 10년이면 족합니다. 이 나라의 소망은 예수 뿐입니다. 모두가 예수 모신 사람들이 되면 이 사회의 병들이 치료됩니다. 우리 다 같이 일어나서 복음 들고 찾아갑시다. 당신의 태신자는 누구입니까? 집회에 초대하기 위해 지금 무엇을 계획하고 있습니까?

4. 하나님께 합당히 행하라

데살로니가전서 2:7-12

지난 수개월 동안 대각성전도집회를 준비해 온 우리에게 예년에 없었던 놀라운 축복을 허락해주신 하나님께 감사를 드립니다. 태신자를 가슴에 품고 계속해서 기도하면서 믿음의 역사와 사랑의 수고와 소망의 인내를 가지고, 매몰찬 거절에도 불구하고 주님 사랑하는 마음으로 열심을 다한 순장과 순원들에게 하나님께서 넘치는 축복으로 채워 주시기를 기도합니다.

어떤 의미에서 대각성전도집회는 이제부터 시작입니다. 전도해서 결신하고 하나님의 자녀로 태어났는데 양육하지 않으면 낳아놓고 자기 자녀를 버리는 부모와 같다고 할 수 있습니다. 그러므로 결신자들이 예수님을 만난 감격을 그대로 지속하면서 신앙 생활을 하려고 하면 부모가 자기 자녀를 양육하는 것과 같은 수고와 돌봄과 사랑이 필요합니다. 새신자들은 궁금한 것이 많을 뿐 아니라 하나님 가족의 일원으로 어떻게 살아야 하는지를 몰라 허둥대다가 다시 옛 생활로 돌아가기가 쉽습니다. 이 시간 바울이 자신들을 통해서 믿게 된 사람들을 어떻게 세워나갔는가를 살펴보면서 이번에 결신한 새가족들을 양육할 방법을 찾아보도록 합시다.

1. 바울은 데살로니가 교인들에게 7번이나 그들이 복음을 듣고 양육을 받을 때의 일들을 기억 하도록 회상 시키고 있습니다. 그 이유가 무엇입니까?
   (1:5, 2:1, 2, 5, 9-11절)

2. 복음을 위해서 일하다 보면 주위의 사람들에게서 중상모략을 하는 소문을 들을 수가 있습니다. 그러나 바울에게서는 그 일로 인해서 괴로워하거나 노여워하거나 원한을 품는 빛을 찾아 볼 수가 없습니다. 오히려 증인 되신 하나님 앞에서 초연하게 성령의 능력으로 하나님의 말씀을 전하였으며 하나님만을 신뢰하였습니다. 지난 몇 개월 동안 대각성전도집회를 준비하면서 당신은 바울과 같은 경험을 한 적이 있습니까? 바울의 반응과 당신의 반응을 비교해보며 느낌을 말해 봅시다.

3. 바울은 결신자들을 어떻게 양육해야 하는 지에 대해 우리가 가장 잘 이해할 수 있는 비유를 들어서 말하고 있습니다. 온유하고 자상한 유모와 권면하고 위로하고 경계하는 아버지가 그것입니다. 먼저 자녀를 사랑하는 어머니를 통해서 양육의 자세를 배우도록 합시다. 7절의 내용을 자세히 풀어서 설명해 보십시오.

4. '유순한 자' 라는 말과 '유모' 라는 말의 의미를 설명해 보십시오.

5. 자기 중심적인 모습을 전혀 찾아 볼 수가 없습니다. 어머니는 아기가 무엇을 원하는지에 깊은 관심을 가집니다. 그래서 말하지 않아도 아기가 필요한 것을 감지할 수 있습니다. 마찬가지로 전도자들이 결신자들을 잘 돌보기 위해서도 필요한 것이 있습니다.그것이 무엇일까요? (7, 8절).

6. 바울과 그의 동역자들의 마음은 영혼을 향하여 불타고 있었습니다. 영혼을 구원하는 일에 있어서는 그 어떤 것도 아까울 것이 없다는 식의 표현을 사용하고 있습니다. 당신은 결신자들을 위해서 목숨까지 즐겁게 줄 수 있는 양육자라고 생각합니까? 우리는 예수님에게서 목숨까지 줄 수 있는 사랑을 발견할 수 있습니다. 예수님의 이와 같은 사랑에 깊이 감동되어 살아가는 사람은 예수처럼 살다가 예수처럼 가는 것을 최고의 행복으로 여깁니다. 당신은 어떠합니까? 영혼을 향한 당신의 마음을 솔직하게 말해보십시오.

7. 젖을 먹이는 엄마가 된다는 것은 결코 쉬운 일은 아닙니다. 젖을 잘 먹이기 위해서는 무엇보다 자신이 영양분을 잘 섭취해야 하고, 자신의 건강을 돌보아야 합니다. 젖을 먹는 아이는 어머니가 먹은 것에 따라서 여러 가지 반응을 일으키며 병이 들 수도 있습니다. 영적으로 젖 먹는 자들을 위해서 당신이 먹어야 할 것은 무엇입니까?(참고/ 베드로전서 2:1-3)

8. 유모는 자녀를 위해 희생하고 영양을 공급하는 것은 물론이고 자녀를 온갖 위험에서 보호해야 한다. 결신자들을 보호하기 위해서 당신이 해야 할 일들을 말해보라.

• 누를 끼치지 않기 위해서 할 일(9절)

• 거룩하고 옳고 흠 없이 행할 것(10절)

• 권면하고 위로하고 경계할 말(11절)

9. 바울은 유모처럼 결신자들을 알고 사랑하는 것으로만 양육한 것이 아니라 삶의 진실성을 가지고 모범을 보여주었습니다. 인격적인 아버지를 생각나게 하는데, 바울이 데살로니가 교인들에게 보인 모범을 하나 하나 살펴보면서 교훈을 얻도록 합시다.

10. 하나님은 당신을 통해서 태신자를 품으셨고, 부르셔서 하나님 나라의 영광
    에 이르게 하셨습니다. 그러므로 전도자들은 결신자에 대한 분명한 목표가
    있어야 합니다. 결신자들은 믿음으로 이미 하나님 나라를 소유한 자들이지
    만 영광의 나라에 이르는 것은 미래에 속한 것입니다. 그러므로 하나님 나라
    의 영광에 이르게 하신 하나님께 합당히 행하도록 인도해야 합니다. 이제 대
    각성전도집회 이후에 하나님께서 허락하신 축복을 놓치지 않기 위해 세심한
    헌신이 필요합니다. 가장 중요한 일은 그들을 교회에 등록시켜 정착하게 만
    드는 일입니다. 이 일을 위해 다음 외 몇 가지의 사항을 점검해 봅시다.

1) 당신의 태신자는 대각성전도집회에 참석했습니까?

2) 대각성전도집회에 참석했는데 결신했습니까?

3) 결신했다면 그가 교회에 등록하도록 도와 주었습니까?

4) 등록했다면 그를 교역자와 만나게 해 주고 새 가족 모임과 다락방으로 연결해
   주었습니까?

5) 그가 신앙 생활을 시작하면서 가장 어려워 하는 점이 무엇입니까?